BEI GRIN MACHT SICH IHR WISSEN BEZAHLT

- Wir veröffentlichen Ihre Hausarbeit, Bachelor- und Masterarbeit

- Ihr eigenes eBook und Buch - weltweit in allen wichtigen Shops

- Verdienen Sie an jedem Verkauf

Jetzt bei www.GRIN.com hochladen und kostenlos publizieren

Bibliografische Information der Deutschen Nationalbibliothek:

Die Deutsche Bibliothek verzeichnet diese Publikation in der Deutschen Nationalbibliografie; detaillierte bibliografische Daten sind im Internet über http://dnb.d-nb.de/ abrufbar.

Dieses Werk sowie alle darin enthaltenen einzelnen Beiträge und Abbildungen sind urheberrechtlich geschützt. Jede Verwertung, die nicht ausdrücklich vom Urheberrechtsschutz zugelassen ist, bedarf der vorherigen Zustimmung des Verlages. Das gilt insbesondere für Vervielfältigungen, Bearbeitungen, Übersetzungen, Mikroverfilmungen, Auswertungen durch Datenbanken und für die Einspeicherung und Verarbeitung in elektronische Systeme. Alle Rechte, auch die des auszugsweisen Nachdrucks, der fotomechanischen Wiedergabe (einschließlich Mikrokopie) sowie der Auswertung durch Datenbanken oder ähnliche Einrichtungen, vorbehalten.

Impressum:

Copyright © 2017 GRIN Verlag, Open Publishing GmbH
Druck und Bindung: Books on Demand GmbH, Norderstedt Germany
ISBN: 9783668466548

Dieses Buch bei GRIN:

http://www.grin.com/de/e-book/368187/das-berliner-kinderschutzverfahren

Henning Becker

Das Berliner Kinderschutzverfahren

GRIN Verlag

GRIN - Your knowledge has value

Der GRIN Verlag publiziert seit 1998 wissenschaftliche Arbeiten von Studenten, Hochschullehrern und anderen Akademikern als eBook und gedrucktes Buch. Die Verlagswebsite www.grin.com ist die ideale Plattform zur Veröffentlichung von Hausarbeiten, Abschlussarbeiten, wissenschaftlichen Aufsätzen, Dissertationen und Fachbüchern.

Besuchen Sie uns im Internet:

http://www.grin.com/

http://www.facebook.com/grincom

http://www.twitter.com/grin_com

Das Berliner Kinderschutzverfahren

- Ausarbeitung zum Referat -

Vorgelegt von: Henning Becker

Studiengang: Klinische Sozialarbeit (Master)
Modul 2.1: Sozialanamnese und Sozialdiagnostik
Wintersemester 2016/17 (1.Semester)

Abgabe am: 21.Januar 2017

Inhaltsverzeichnis

Inhaltsverzeichnis 2
1. Einleitung 3
2. Rechtliches 3
3. Berliner Kinderschutzverfahren 4
   3.1   1.Stufe – „1.Check-Bogen" 5
   3.2   2. Stufe – Kinderschutzbogen 5
4. **Ersteinschätzungsbögen für freie Träger von Diensten und Einrichtungen** 7
5. **Vorteile des Kinderschutzverfahrens anhand des „Fallbeispiels Westphal"** 7
Literaturverzeichnis 11

1. Einleitung

Mehrere tragische Kindeswohlgefährdungsfälle (teilweise mit Todesfolge sowie oft mit großer medialer Aufmerksamkeit) führten am 01.10.2005 zum Inkrafttreten des Kinder- und Jugendhilfeweiterentwicklungsgesetzes (KICK). Durch die Neudefinierung des Schutzauftrags bei Kindeswohlgefährdung (§ 8a SGB VIII) sollten die Handlungsmöglichkeiten und -verpflichtungen der Jugendhilfe erweitert und konkretisiert werden. Eingriffe in das grundgesetzlich geschützte Elternrecht (Art. 6 Abs. 2 GG) wurden für die Familiengerichte erleichtert (§ 1666 BGB). Bundesweit wurden Kinderschutzverfahren entwickelt, die zu einer größeren Handlungssicherheit führen sollten. Mit Inkrafttreten des Bundeskinderschutzgesetzes zum 01.01.2012 wurden diese Verfahren noch einmal erweitert.

2. Rechtliches

§ 8a Schutzauftrag bei Kindeswohlgefährdung

(1) Werden dem Jugendamt gewichtige Anhaltspunkte für die Gefährdung des Wohls eines Kindes oder Jugendlichen bekannt, so hat es das Gefährdungsrisiko im Zusammenwirken mehrerer Fachkräfte einzuschätzen. Soweit der wirksame Schutz dieses Kindes oder dieses Jugendlichen nicht in Frage gestellt wird, hat das Jugendamt die Erziehungsberechtigten sowie das Kind oder den Jugendlichen in die Gefährdungseinschätzung einzubeziehen und, sofern dies nach fachlicher Einschätzung erforderlich ist, sich dabei einen unmittelbaren Eindruck von dem Kind und von seiner persönlichen Umgebung zu verschaffen. Hält das Jugendamt zur Abwendung der Gefährdung die Gewährung von Hilfen für geeignet und notwendig, so hat es diese den Erziehungsberechtigten anzubieten.

(2) Hält das Jugendamt das Tätigwerden des Familiengerichts für erforderlich, so hat es das Gericht anzurufen; dies gilt auch, wenn die Erziehungsberechtigten nicht bereit oder in der Lage sind, bei der Abschätzung des Gefährdungsrisikos mitzuwirken. Besteht eine dringende Gefahr und kann die Entscheidung des Gerichts nicht abgewartet werden, so ist das Jugendamt verpflichtet, das Kind oder den Jugendlichen in Obhut zu nehmen.

(3) Soweit zur Abwendung der Gefährdung das Tätigwerden anderer Leistungsträger, der Einrichtungen der Gesundheitshilfe oder der Polizei notwendig ist, hat das Jugendamt auf die Inanspruchnahme durch die Erziehungsberechtigten hinzuwirken. Ist ein sofortiges Tätigwerden erforderlich und wirken die Personensorgeberechtigten oder die Erziehungsberechtigten nicht mit, so schaltet das Jugendamt die anderen zur Abwendung der Gefährdung zuständigen Stellen selbst ein.

(4) In Vereinbarungen mit den Trägern von Einrichtungen und Diensten, die Leistungen nach diesem Buch erbringen, ist sicherzustellen, dass1. deren Fachkräfte bei Bekanntwerden gewichtiger Anhaltspunkte für die Gefährdung eines von ihnen betreuten Kindes oder Jugendlichen eine Gefährdungseinschätzung vornehmen,

2. bei der Gefährdungseinschätzung eine insoweit erfahrene Fachkraft beratend hinzugezogen wird sowie

3. die Erziehungsberechtigten sowie das Kind oder der Jugendliche in die Gefährdungseinschätzung einbezogen werden, soweit hierdurch der wirksame Schutz des Kindes oder Jugendlichen nicht in Frage gestellt wird.

In die Vereinbarung ist neben den Kriterien für die Qualifikation der beratend hinzuzuziehenden insoweit erfahrenen Fachkraft insbesondere die Verpflichtung aufzunehmen, dass die Fachkräfte der Träger bei den Erziehungsberechtigten auf die Inanspruchnahme von Hilfen hinwirken, wenn sie diese für erforderlich halten, und das Jugendamt informieren, falls die Gefährdung nicht anders abgewendet werden kann.

(5) Werden einem örtlichen Träger gewichtige Anhaltspunkte für die Gefährdung des Wohls eines Kindes oder eines Jugendlichen bekannt, so sind dem für die Gewährung von Leistungen zuständigen örtlichen Träger die Daten mitzuteilen, deren Kenntnis zur Wahrnehmung des Schutzauftrags bei Kindeswohlgefährdung nach § 8a erforderlich ist. Die Mitteilung soll im Rahmen eines Gespräches zwischen den Fachkräften der beiden örtlichen Träger erfolgen, an dem die Personensorgeberechtigten sowie das Kind oder der Jugendliche beteiligt werden sollen, soweit hierdurch der wirksame Schutz des Kindes oder des Jugendlichen nicht in Frage gestellt wird.

Der Schutzauftrag konkretisiert, wie die farblichen Hervorhebungen deutlich machen, mehrere Handlungsoptionen und -verpflichtungen der Jugendhilfe. Neben der Gewährung von Beratungs- und Hilfsangeboten (unter Einbeziehung der Erziehungsberechtigten sowie ggf. der Kinder und Jugendlichen) werden der Schutz- und Kontrollauftrag („Zusammenwirken mehrerer Fachkräfte", „insoweit erfahrene Fachkraft") sowie die Rolle des Jugendamtes als Wächteramt (Anrufung des Gerichts, Inobhutnahme, Datenweitergabe) betont.

3. Berliner Kinderschutzverfahren

Das Berliner Kinderschutzverfahren sieht, v.a. für das Jugendamt, als Aufgaben vor:
- Ausbau früher Hilfen (Beratungsstellen, Familienhebammen, Früherkennung)
- Vernetzung von Diensten (Jugend- und Gesundheitshilfe, KITA, Schule, Polizei, Justiz)
- einheitliche Verfahrensstandards zur Risikoabschätzung (Diagnose- und Dokumentationsinstrumente)
- Handlungssicherheit und Absicherung der Fachkräfte (Vier-Augen-Prinzip, Informationsgewinnung, Datenweitergabe)

Das Berliner Kinderschutzverfahren in den Jugendämtern ist zweistufig.
In der 1.Stufe erfolgen die Aufnahme der ersten Anhaltspunkte, eine erste Prüfung und Bewertung sowie kollegiale, fachliche Beratung (Vier-Augen-Prinzip). Verstärkt sich danach der Verdacht einer Kindeswohlgefährdung, erfolgt in der 2.Stufe eine weitergehende Prüfung

der Risikoabschätzung. Das Ausmaß der Gefährdung ist in jeder Stufe bezogen auf die Prüfung der Notwendigkeit einer sofortigen Intervention innerhalb von zwei Stunden ab Bekanntwerden, in jedem Fall aber noch am gleichen Tag, abzuschätzen und zu dokumentieren.[1]

3.1 1.Stufe – „1.Check-Bogen"

Im berlinweit einheitlichen „1.Check-Bogen" wird jede Meldung über eine mögliche Kindeswohlgefährdung dokumentiert. Neben Angaben zur Familie werden die beschriebene Gefährdung erfasst und ggf. anhand weiterer Informationen Bewertungen und Einschätzungen vorgenommen, ob es sich um eine Kindeswohlgefährdung handelt und wie akut diese ist.

Der verbindliche und unangemeldete Hausbesuch innerhalb von zwei Stunden nach Meldung war ursprünglich im Bundeskinderschutzgesetz vorgesehen. Er wurde dann jedoch unter den Vorbehalt gestellt, dass er nach fachlicher Einschätzung der richtige Weg ist, sich einen persönlichen Eindruck von dem Kind und seinen Lebensumständen zu machen. In vielen Fällen ist der Hausbesuch zur fundierten Einschätzung eines Gefährdungsrisikos notwendig.[2]

Ziel des Hausbesuches und der Beratung ist, zu klären, ob zum Schutz des Kindes

- sofortige Maßnahmen (Krisenintervention)
- die Einleitung von Hilfen und/oder
- die Sammlung weiterer Informationen notwendig sind.

3.2 2. Stufe – Kinderschutzbogen

Der berlinweit einheitliche „Kinderschutzbogen" ist ein Diagnoseinstrument zur systematischen Erhebung und Verwertung relevanter Informationen bei (anhaltender) Kindeswohlgefährdung. Er dient dazu,

- die Gefährdung von Kindern verlässlich wahrzunehmen,
- im Umgang mit den Eltern kompetent zu kommunizieren und zu handeln,
- Qualität im Kinderschutz zu sichern,
- die Kommunikation der Fachkräfte im Vertretungsfall sicherzustellen,
- bei Fallübergaben relevante Daten weiterzugeben,
- Vorgesetzte umfassend zu informieren und

---

[1] vgl. Senatsverwaltung für Bildung, Jugend und Wissenschaft; Senatsverwaltung für Gesundheit, Umwelt und Verkehr

- als fachliche Grundlage für Antragsstellungen bei Gericht genutzt zu werden.[3]

Der Berliner Kinderschutzbogen wird unterteilt in 0-3jährige, 3-6jährige und 6-14jährige Kinder sowie 14-18jährige Jugendliche. Er ist jedoch für alle Altersgruppen gleich aufgebaut:

- Personenblatt
- Genogramm
- Modul 1: Risikofaktoren
- Grundversorgung und Schutz des Kindes
- Modul 2: Erscheinungsbild des Kindes
- Modul 3: Interaktionen
- Modul 4: Ressourcen und Prognosen
- Einschätzungsübersicht
- Gefährdungseinschätzung
- Hilfe- und Schutzkonzept

Als Arbeitshilfe für die Beschreibung und Bewertung der Module steht der ursprünglich vom Jugendamt Stuttgart in Kooperation mit einer Kinderärztin entwickelte Orientierungskatalog mit Ankerbeispielen zur Verfügung. Die Ankerbeispiele beinhalten das Wissen und die Erfahrungswerte sozialpädagogischer Fachkräfte im Kontakt mit Familien, in denen Kindeswohlgefährdung passiert. Die Skalierung in der Bewertung umfasst die Stufen +2 (gut), +1 (ausreichend), -1 (schlecht) und -2 (sehr schlecht). Die Bewertung 0 wurde bewusst nicht zugelassen, um ein „Suchen nach der Mitte" zu vermeiden.[4]

Es müssen nicht alle, es sollten aber möglichst viele der o.g. Module beschrieben und bewertet werden. Verpflichtend für die Fachkräfte sind bei nicht auszuschließender Kindeswohlgefährdung auf jeden Fall die Einschätzungsübersicht, die Gefährdungseinschätzung (wie akut ist die Gefährdung? sind sofortige Maßnahmen notwendig?) sowie die Erstellung des Hilfe- und Schutzkonzepts.

Im Kinderschutzbogen muss folglich einerseits die aktuelle Lebenslage (Modul 1-3) bewertet werden, andererseits eine Prognose für die Zukunft (Modul 4) erstellt werden.[5] Die Bögen sind für jedes Kind einzeln auszufüllen und so lange zu nutzen und fortlaufend zu überprüfen und zu aktualisieren, bis eine Kindeswohlgefährdung ausgeschlossen wird.

---

[2] vgl. Hundt 2014, S.122
[3] vgl. Senatsverwaltung für Bildung, Jugend und Wissenschaft
[4] ebenda
[5] vgl. Hundt 2014, S. 120

4. Ersteinschätzungsbögen für freie Träger von Diensten und Einrichtungen

Die Jugendämter dürfen die Funktion des „Wächteramtes" nicht auf freie Träger von Diensten und Einrichtungen delegieren. Die Träger verpflichten sich jedoch im jugendhilferechtlichen Dreiecksverhältnis (Berliner Rahmenvertrag) sowie in zivilrechtlichen Verträgen mit den Erziehungsberechtigten, auf den Schutz von Kindern besonders zu achten. Sie sind angehalten, entsprechende Fachkräfte vorzuhalten (§§ 45, 75 SGB VIII), und somit zunächst eigenständig zu einer Risikoabklärung unter Beteiligung von Kind und Sorgeberechtigten ggf. unter Hinzuziehung einer sog. „insoweit erfahrenen Fachkraft" verpflichtet.[6] Als Instrument dient der Ersteinschätzungsbogen. Freie Träger sind jedoch im Gegensatz zum Jugendamt nicht berechtigt, Daten bei Dritten zu erheben oder nicht vereinbarte Hausbesuche zu machen.

5. Vorteile des Kinderschutzverfahrens anhand des „Fallbeispiels Westphal"

Die nachfolgende Falldarstellung soll dazu dienen, gemachte Fehler sowie die Chancen des Kinderschutzverfahrens aufzuzeigen.

Familie Westphal[7] war dem Jugendamt seit Anfang der 90er Jahre bekannt. Die beiden ältesten Söhne, Karl und Stefan (geb. 1991 und 1992), der allein erziehenden Mutter, Sybille Westphal (geb. 1972), lebten wegen Vernachlässigung und Traumatisierung seit 1995 in stationärer Jugendhilfe. Der Kindesmutter war die elterliche Sorge vom Familiengericht entzogen worden. Frau Westphal gebar in den Jahren 2000 und 2003 zwei Töchter, Melanie und Cheyenne. Sie lebte damals mit dem Vater der Kinder, Herrn Markus Lackmus (geb. 1976), zusammen und war auf keine Hilfen des Jugendamtes angewiesen. Nach Trennung von ihrem Partner im Jahr 2004 und nach Geburt des fünften Kindes, Ronny, im Jahr 2006 stellten sich jedoch Überforderungssituationen ein, die ohne Hilfe zu einer Kindeswohlgefährdung hätten führen können. Frau Westphal wurde daher ca. 3,5 Jahre bis Herbst 2007 durch eine sozialpädagogische Familienhilfe unterstützt. Diese wurde auf Empfehlung der Helfer (!) beendet, da Frau Westphal die Hilfe gut habe nutzen können und keine Anzeichen einer Kindeswohlgefährdung ersichtlich seien. Die Bewertung der Helfer sollte sich als gravierende Fehleinschätzung heraus stellen. Nur ca. zwei Wochen nach Beendigung der Hilfe wurde die 7jährige Tochter während der Schulzeit mit einer Gehirnerschütterung von einem Passanten auf der Straße angetroffen. Da das Mädchen einen verwirrten Eindruck machte, rief der Passant die Polizei. Diese konnte die Identität des Mädchens ermitteln und brachte es nach Hause. Dort fand es eine komplett verwahrloste Wohnung vor. Die drei Kinder waren in ungepflegtem Zustand. Frau Westphal wirkte apathisch und alkoholisiert. Die Rücksprache der Polizei mit der Schule des 7jährigen Mädchens ergab unentschuldigte Fehlzeiten seit fünf Wochen. Die Polizei informierte das Jugendamt. Dort wurde ein umgehender Hausbesuch veranlasst. Während dessen wurde die Notwendigkeit sofortiger Schutzmaßnahmen (Inobhutnahme der Kinder) deutlich. Frau Westphal wurden für eine evtl. Rückkehr der Kinder mehrere Aufträge zur Gefahrenabwehr erteilt. Da es Frau Westphal gelang, diese Aufträge (zunächst) umzusetzen, wurden die Kinder nach ca. 4 Wochen in den mütterlichen Haushalt zurück geführt.

---

[6] Senatsverwaltung für Bildung, Jugend und Wissenschaft

Eine sozialpädagogische Familienhilfe nahm erneut die Arbeit auf. Es zeigte sich jedoch recht schnell, dass Frau Westphal mit der Erziehung und Betreuung der Kinder, insbesondere nach Geburt des 6.Kindes Anfang 2008, Dominik, sehr überfordert war. Fortlaufend gingen von KITA, Schule und Familienhilfe Meldungen im Jugendamt ein, die auf eine latente Kindeswohlgefährdung schließen ließen. Das Jugendamt entschied sich daher, zusammen mit Frau Westphal und der Familienhelferin für jedes Kind einen Kinderschutzbogen auszufüllen. Frau Westphals Fähigkeit zur Kooperation blieb jedoch eingeschränkt, so dass das Jugendamt im Sommer 2008 das Familiengericht anrief (§ 8a SGB VIII). Noch während des laufenden gerichtlichen Verfahrens mussten die Kinder wegen einer akuten Gefährdungssituation (erneute Komplettverwahrlosung der Wohnung) wiederum in Obhut genommen werden. Da Frau Westphal der Unterbringung widersprach, musste das Familiengericht informiert werden (§ 42 SGB VIII). Dieses bestätigte den Verbleib der Kinder in Wohngruppen der Jugendhilfe bis zum Abschluss des gerichtlichen Hauptverfahrens. In diesem Zeitraum wurden die Kinderschutzbögen durch die Wohngruppen und das Jugendamt aktualisiert. Der Zustand der Kinder, v.a. hinsichtlich Körperpflege, Ernährungszustand und psychischer Entwicklung, wurde als sehr schlecht eingeschätzt. Da Frau Westphal jedoch einer weiteren Fremdunterbringung unverändert nicht zustimmte, wurde ihr für alle vier Kinder die elterliche Sorge entzogen (§ 1666 BGB). Die beiden Mädchen leben bis heute in einer Wohngruppe. Ihre Mutter (und auch der Vater) halten unregelmäßig Kontakt zu ihnen. Die beiden jüngsten Söhne leben bis heute in einer Pflegefamilie. Die Mutter hat den Kontakt zu ihnen nicht aufrecht erhalten.

Das Kinder- und Jugendhilfeweiterentwicklungsgesetz wurde im Herbst 2005 verabschiedet. Zum Zeitpunkt der ersten Inobhutnahme der drei Kinder Melanie, Cheyenne und Ronny war es also seit etwa zwei Jahren in Kraft. Kinderschutzverfahren waren bundesweit bereits entwickelt worden, jedoch in der Praxis für viele Fachkräfte noch unbekannt oder ungewohnt. Dies wird anhand des o.g. Fallbeispiels deutlich. Die Installation einer sozialpädagogischen Familienhilfe im Jahr 2004 war aufgrund einer *potenziellen* Kindeswohlgefährdung erfolgt. Die Betreuung bewegte sich also im Kinderschutzbereich. Die Beendigung der Familienhilfe nach 3,5 Jahren beruhte auf einer gravierenden Fehleinschätzung der Familienhelfer, es liege keine Kindeswohlgefährdung mehr vor. Zu dieser Bewertung waren weder der Kinderschutzbogen noch der Ersteinschätzungsbogen freier Träger verwendet worden. Eine umfassende und diagnostische Übersicht und Bewertung der Familiensituation hätte möglicherweise zu einer differenzierten und anderen Einschätzung geführt. Zwar hatte die Kindesmutter tatsächlich durchgehend gut mit den Familienhelfern zusammengearbeitet, was diese eine positive Prognose vermuten ließ. Die aktuelle Lebenslage *der Kinder* war dabei aber übersehen worden. Weder die Schuldistanz des 7jährigen Mädchens noch die zunehmende körperliche und psychische Vernachlässigung der Kinder noch die erneute

---

[7] Alle Namen pseudonymisiert

Schwangerschaft von Frau Westphal waren den Helfern (und dem Jugendamt) bewusst geworden.

Die Rückführung der drei Kinder nach ca. vierwöchiger Inobhutnahme wurde im Jugendamt intensiv beraten. Die Entscheidung für eine Rückführung in den mütterlichen Haushalt wurde daher zwar sicherlich „besten Wissens und Gewissens" getroffen. Erneut wurde eine Entscheidung jedoch ohne Erfassung des Berliner Kinderschutzbogens getroffen. Es war wiederum die vermeintlich gute Kooperation der Kindesmutter, die über die an sich schwierige Lebenslage der Kinder hinwegtäuschte. Eine systematische Einzelbewertung des gesundheitlichen, körperlichen und psychischen Zustandes aller Kinder war wiederum nicht erfolgt.

In den Folgemonaten setzten sich die Vorzüge des standardisierten Kinderschutzverfahrens in den Jugendämtern zunehmend durch. Im „Fall Westphal" erkannte die (neue) Familienhelferin recht bald ein anhaltend latentes Gefährdungspotenzial. Auf Grundlage des von ihr erfassten Ersteinschätzungsbogens sowie eines gemeinsam mit Helferin und Kindesmutter erstellten Kinderschutzbogens konnte das Gefährdungspotenzial jedes einzelnen Kindes wesentlich konkreter erfasst werden. Ebenso wurde anhand der im Kinderschutzbogen bewerteten Zukunftsprognose deutlich, dass die Kindesmutter zwar kooperationsbereit, aber trotz intensiver Hilfen nicht kooperationsfähig ist. Es konnte so ein umfassendes, wesentlich präziseres Gesamtbild erstellt werden. Dieses rechtfertigte zwar keine sofortige Intervention, ließ jedoch einen langfristigen Verbleib der Kinder im mütterlichen Haushalt unrealistisch erscheinen. Eine Begründung für eine Anrufung des Familiengerichts war damit hinreichend gegeben. Dieses stützte sich nach der erneuten Inobhutnahme der Kinder auf die umfassenden Bewertungen im Berliner Kinderschutzbogen als Diagnoseinstrument sowie auf deren Überprüfung und Aktualisierung durch die Wohngruppen und das Jugendamt. Es bestätigte durch den Entzug der elterlichen Sorge die Einschätzung und Entscheidung der Fachkräfte.

Das Berliner Kinderschutzverfahren, insbesondere der Kinderschutzbogen, kann daher trotz hohen Dokumentationsaufwandes bei allgemein knappen zeitlichen, personellen und finanziellen Ressourcen und trotz aller „Starrheit" und „Schablonenförmigkeit" als (ein) wichtiges und hilfreiches Dokumentations- und Diagnoseinstrument angesehen werden. Anhand einheitlicher Standards können Indikatoren für eine Kindeswohlgefährdung konkret(er) erfasst und gleichzeitig ein Veränderungspotenzial („Zukunftsprognose") gezielt analysiert werden. Ob und inwieweit tatsächlich mehr Kinder hierdurch geschützt werden, wird sich zwar schwer überprüfen lassen. Dennoch hat das Verfahren bei Fachkräften unstrittig zu mehr Handlungssicherheit und Sensibilisierung geführt.

Es sollte allerdings nicht vergessen werden: Kinderschutz geht uns alle an!

Literaturverzeichnis

Hundt, Marion: Kindeswohlgefährdung erkennen und vermeiden. Rechtliche Grundlagen für die Praxis. Köln/Kronach: Carl Link Verlag 2014.

Kinderschutz-Zentrum Berlin (Hrsg.): Kindeswohlgefährdung – Erkennen und Helfen. 11.Auflage. Berlin: Deutsche Bibliothek 2009.

Kindler, Heinz; Reich, Wulfhild: Einschätzung von Gefährdungsrisiken (Instrumente und Hilfen) am Beispiel der weiterentwickelten Version des Stuttgarter Kinderschutzbogens. In: Verein für Kommunalwissenschaften e.V. (Hrsg.): Kinderschutz gemeinsam gestalten: § 8a SGB VIII – Schutzauftrag der Kinder- und Jugendhilfe. Berlin: Eigenverlag 2007. S.63-94.

Krützberg, Thomas: Vorstellung der im Mai 2009 von der Bundesvereinigung der Kommunalen Spitzenverbände verabschiedeten „Empfehlungen zur Festlegung fachlicher Verfahrensstandards in den Jugendämtern bei Gefährdung des Kindeswohls". In: Deutsches Institut für Urbanistik GmbH. Berlin: Eigenverlag 2009. S.32-48.

Müller, Heinz; Lamberty, Jennifer; de Paz Martinez, Laura: Kinderschutz und Hilfen zur Erziehung: Empirische Befunde zu Kinderschutzverdachtsmeldungen, Kindeswohlgefährdungen und der Praxis der Jugendämter. In: Das Jugendamt. Heft 2/2012. S.68-78.

Wiesner, Reinhard: Präzisierung und Qualifizierung der Aufgaben der Jugendhilfe nach § 8a SGB VIII. In: Verein für Kommunalwissenschaften e.V. (Hrsg.): Kinderschutz gemeinsam gestalten: § 8a SGB VIII – Schutzauftrag der Kinder- und Jugendhilfe. Berlin: Eigenverlag 2007. S.53-62.

Berliner Kinderschutzbogen http://sfbb.berlin-brandenburg.de/sixcms/detail.php/bb2.c.462833.de

Rundschreibendatenbank des Landes Berlin http://www.berlin.de/politik-und-verwaltung/rundschreiben/index.php?category=SenBildJugWiss&issue_no=3&issue_year=2013&send=1

Senatsverwaltung für Bildung, Jugend und Wissenschaft: Jugend-Rundschreiben Nr. 3/2013 über verbindliche Bewertungs- und Dokumentationsverfahren bei Verdacht einer Kindeswohlgefährdung vom 29.11.2013 www.berlin.de/sen/bjw

Senatsverwaltung für Bildung, Jugend und Wissenschaft; Senatsverwaltung für Gesundheit, Umwelt und Verkehr: Gemeinsame Ausführungsvorschriften über die Durchführung von Maßnahmen zum Kinderschutz in den Jugend- und Gesundheitsämtern der Bezirksämter des Landes Berlin (AV Kinderschutz Jug Ges) vom 8. April 2008www.berlin.de/sen/bjw

Alle benannten Online-Quellen wurden Anfang 2017 aufgerufen. Eine geänderte Quellenbezeichnung ist aufgrund politischer sowie struktureller Veränderungen in den Behörden des Landes Berlin jederzeit möglich.

BEI GRIN MACHT SICH IHR WISSEN BEZAHLT

- Wir veröffentlichen Ihre Hausarbeit, Bachelor- und Masterarbeit

- Ihr eigenes eBook und Buch - weltweit in allen wichtigen Shops

- Verdienen Sie an jedem Verkauf

Jetzt bei www.GRIN.com hochladen und kostenlos publizieren